ÉTUDE SUR LA VIE PRIVÉE

DE

FRANÇOISE D'AUBIGNÉ

MARQUISE

DE MAINTENON

PARIS. — IMP. SIMON RAÇON ET COMP., RUE D'ERFURTH, 1.

ÉTUDE SUR LA VIE PRIVÉE

DE

FRANÇOISE D'AUBIGNÉ

MARQUISE

DE MAINTENON

PAR

FERNAND DESPORTES

Extrait du CORRESPONDANT.

PARIS

CHARLES DOUNIOL, LIBRAIRE-ÉDITEUR

RUE DE TOURNON, 29.

1857

ÉTUDE

SUR LA VIE PRIVÉE

DE

FRANÇOISE D'AUBIGNÉ, MARQUISE DE MAINTENON

Lettres historiques et édifiantes de madame de Maintenon, adressées aux dames de Saint-Louis, publiées pour la première fois par M. Th. Lavallée. Paris, 1856. Charpentier. 2 vol in-12.

A la page 1220 du roman de *Clélie*, publié en 1658, on lit ce qui suit :

« Dès la pointe du jour, le temple de la Fortune fut ouvert pour ceux qui voudraient consulter les sorts... Bientôt on entendit quelque rumeur vers la porte, où l'on vit une petite machine peinte et dorée, couverte d'une espèce de petit dais. Elle était environnée de rideaux et portée par deux esclaves. Sur le haut de ce dais était le portrait d'un jeune homme beau et bien fait; il avait le visage rond, les yeux bleus, fins et agréables, le teint incarnat et la physionomie enjouée et spirituelle. Au bas de ce portrait, on voyait ces vers :

« Si quelqu'un veut savoir quelle est mon aventure,
Je n'ai plus rien de ma peinture,
Et, par l'ordre du sort dont tout subit les lois,
Je ne suis plus celui celui que je fus autrefois;
Mille et mille douleurs me font toujours la guerre,
Mais, malgré leurs efforts, je vis toujours en paix,
Et de ce triste lieu, d'où je ne pars jamais,
Je vois voler mon nom aux deux bouts de la terre. »

« La nouveauté de cette machine ayant surpris tout le monde, deux sacrificateurs qui étaient aux portes du temple voulurent empêcher de passer les esclaves qui la portaient, voulant que celui qui était dedans descendît pour entrer dans le temple. Mais, un moment après, on vit entr'ouvrir un peu un rideau et l'on entendit une voix qui, ayant quelque chose d'éclatant, parlait avec impétuosité : « Non, non, dit cet inconnu, n'entreprenez point de me « faire descendre, car vous n'en viendriez point à bout; et, comme l'on voit des « gens de haute qualité entrer en chariot dans les cours des palais des rois, j'ai « le privilége d'entrer en machine dans les chambres des reines et dans les

« temples ; car, afin que vous me connaissiez bien, je suis le premier malade « du monde et le seul qui ait pu réconcilier la douleur avec la joie. » Cet inconnu dit cela d'un ton de voix si fier, qu'il imposa silence aux sacrificateurs. Ils laissèrent enfin entrer la machine, qui attira les yeux de tout le monde. Il est vrai qu'un moment après on ne la regarda plus, parce que l'on vit paraître une si belle personne, qu'elle attira tous les regards ; on connut bien, par la livrée des esclaves qui la suivaient, qu'elle devait être femme de celui qui était dans la machine. Elle était jeune, admirablement belle et fort bien faite ; elle se nommait Lyrianne, elle était d'une naissance fort noble, et, la fortune ayant été contraire à ses parents, elle avait été dès son enfance emmenée par eux au fond de la Lybie, d'où elle était revenue si belle et si charmante, qu'on ne pouvait presque rien lui comparer sans lui faire tort. Lyrianne était grande et de belle taille, mais de cette grandeur qui n'épouvante point et qui sert seulement à la bonne mine. Elle avait le teint fort uni et fort beau, les cheveux d'un châtain clair et très-agréables, le nez très-bien fait, la bouche bien taillée, l'air noble, doux, enjoué et modeste ; et, pour rendre sa beauté plus parfaite et plus éclatante, elle avait les plus beaux yeux du monde. Ils étaient noirs, brillants, doux, passionnés et pleins d'esprit ; leur éclat avait je ne sais quoi qu'on ne saurait exprimer ; la mélancolie douce y paraissait quelquefois avec tous les charmes qui la suivent presque toujours, l'enjouement s'y faisait voir à son tour avec tous les attraits que la joie peut inspirer, et l'on peut assurer enfin, sans mensonge, que Lyrianne avait mille appas inévitables. Au reste, son esprit était fait exprès pour sa beauté, c'est-à-dire qu'il était grand, agréable et bien tourné ; elle parlait juste et naturellement, de bonne grâce et sans affectation ; elle savait le monde et mille choses dont elle ne se souciait pas de faire vanité. Elle ne faisait pas la belle, quoiqu'elle le fût infiniment ; de sorte que, joignant les charmes de la vertu à ceux de sa beauté et de son esprit, on pouvait dire qu'elle méritait toute l'admiration qu'on eut pour elle dans le temple de la Fortune lorsqu'elle y entra. »

Au premier de ces portraits, tracés par mademoiselle de Scudéry. l'on reconnaît encore aisément le pauvre et spirituel Scarron,

Scarron, par la grâce de Dieu,
Malade indigne de la reine [1] ;
Cependant ce malade exerce
Sa charge avec intégrité....
Il se fait gloire de sa peine,
Et l'on peut jurer sûrement
Qu'aucun officier de la reine
Ne la sert si fidèlement.

Mais qui devinerait aujourd'hui sous les traits charmants de Lyrianne la personne qui fut plus tard la marquise de Maintenon ? Si l'on cherche à se représenter la compagne des dernières années de

[1] La reine mère, Anne d'Autriche. Il en recevait une pension en cette qualité.

Louis XIV, on n'imagine d'abord, comme dit Saint-Simon, « que coiffes et écharpe noire ; » puis, sous ces coiffes et cette écharpe, une figure sévère et chagrine, portant les signes d'une vieillesse prématurée. Il est ainsi des personnages que l'imagination populaire a doués d'une physionomie immobile, drapés dans des vêtements uniformes, mis à une place déterminée, et dont elle se fait des types qui lui représentent invariablement la même idée. Depuis longtemps elle a personnifié dans madame de Maintenon la dévotion ambitieuse, acariâtre et hypocritement exagérée, et, comme un tel caractère ne saurait convenir à un jeune et joli visage, elle en a logiquement conclu que madame de Maintenon avait toujours été vieille, sombre et déplaisante.

Aussi bien l'oubli de sa beauté est-il la moindre des injures faites à la mémoire de cette femme célèbre. Il est peu de personnages historiques qui aient été en butte à des accusations aussi multipliées; attaquée dans sa vie publique et dans sa vie privée, elle s'est vue chargée de toutes les fautes et de tous les malheurs de la fin du grand règne : persécutions religieuses, désordres intérieurs, défaite de nos armées, abaissement de l'esprit public! Son cœur a été méconnu, sa bonne foi suspectée, son honneur même outragé. Faut-il s'en étonner? Les grands, jaloux de sa fortune extraordinaire; le peuple, égaré par la misère et habitué à faire remonter aux personnes en faveur les prodigalités du prince; les libertins, gênés par l'austérité de sa conduite; les philosophes, ennemis de l'Église qu'elle servait, tous ne devaient-ils pas saluer sa chute comme un événement heureux et justifier leur joie par leurs calomnies? Au milieu de ce concert, une voix pourtant se fit entendre, qui, par une parole bien simple, la vengea de ces outrages : « Elle a fait du bien à tout le monde, dit le duc d'Orléans, tant qu'elle a pu et n'a jamais fait de tort à personne. » Mais cette voix, quelle que fût alors son autorité, fut bientôt étouffée, et le jugement de la postérité est resté celui de l'opinion publique en 1715.

Madame de Maintenon devait s'y attendre; car, au temps même de sa puissance, les libelles diffamatoires ne l'avaient point épargnée.

« Je reçois tous les jours, disait-elle en 1700 aux dames de Saint-Louis, des lettres, non-seulement du style de la personne que connaît ma sœur de Butery qui me demandait si je n'étais pas lasse de m'engraisser en suçant le sang des pauvres, et ce que je voulais faire du bien que j'amassais étant si vieille? J'en reçois qui vont encore plus loin, et qui me mandent les choses les plus injurieuses; quelques-unes même me donnent avis qu'on me doit assassiner; mais tout cela ne me fait rien : il me semble qu'il ne faut pas beaucoup de vertu pour n'avoir nul ressentiment de ces sortes de contradictions. Je répondis il y a quelque temps une chose assez plaisante à une pauvre femme qui vint me trouver comme j'étais environnée de plusieurs personnes de la cour, pleurant et criant que je lui fisse rendre justice. Je lui demandai quel tort elle avait reçu. — C'est, dit-elle, qu'on m'a dit des injures, et j'en demande une réparation.—Des injures, lui dis-je, mais nous en vivons ici, nous autres[1]! »

Elle savait en effet se mettre fort au-dessus des médisances et des calomnies; « laissant à la providence de Dieu le soin de sa réputation, » elle recommandait à ses amis de ne s'en pas inquiéter; elle leur montrait tout ce que l'on publiait contre elle, s'en amusait, en riait avec eux, et trouvait sa conscience trop pure pour se préoccuper autrement de pareilles misères.

Mais devons-nous partager cette indifférence dédaigneuse et laisser passer sans la combattre une opinion erronée, flétrissant une personne dont l'influence sur les affaires publiques fut si grande et si longue, alors que nous avons la possibilité de laver sa mémoire et de lui rendre justice? Nous ne le pensons pas. D'abord parce que c'est un devoir et presque un besoin de la conscience d'arracher à la calomnie son masque, alors surtout qu'une femme est sa victime; et puis si on considère que cette femme tant insultée fut la compagne et l'amie du grand roi pendant les trente dernières années de sa vie, qu'elle consola son âme attristée, mais non abattue, par les revers de ses armes, les souffrances de son peuple et les pertes cruelles de sa famille, n'est-il pas doux pour ceux qui ont gardé le respect des choses passées, qui voient dans Louis XIV le plus illustre représentant d'une dynastie à qui la France doit tout ce qu'elle a de puissance durable et de gloire fructueuse, n'est-il pas doux de pouvoir affirmer que cette femme d'un noble cœur et d'une haute intelligence fut digne d'une si grande amitié et d'une si glorieuse mission?

Nous ne prétendons pas cependant parler ici de sa vie publique et discuter les événements de la fin du règne de Louis XIV; ce serait aborder de front la position que nous voulons enlever et nous exposer à découvert à tous les efforts d'adversaires trop puissants pour reculer devant nous. Nous préférons prendre un circuit, afin d'arriver plus sûrement à notre but : sans nous occuper de la conduite politique de madame de Maintenon, nous ferons connaître sa personne et son caractère; nous la montrerons telle qu'elle fut dans son intérieur, dans sa vie privée. Et là nous espérons pouvoir ainsi faire partager à nos lecteurs notre profonde et respectueuse admiration pour les vertus de son cœur et les qualités éminentes de son esprit; la leur présenter comme la dernière et la plus noble figure de cette galerie des femmes du dix-septième siècle qui semblent reprendre de nos jours leur éclat et leur prestige. Et, quand nous serons parvenu à leur faire aimer et estimer

[1] *Lettres*, t. II, p. 77.

Françoise d'Aubigné, peut-être se demanderont-ils s'il est possible que madame de Maintenon ait joué sur la scène politique le vilain rôle que l'opinion populaire lui assigne, et que, jusqu'à ces derniers temps du moins, l'histoire, plus partiale qu'on ne le dit communément, lui avait conservé [1]. Otons-lui donc ces coiffes et ces écharpes dont Saint-Simon l'affuble si tristement; cette dévotion mesquine, tyrannique et fausse, cet esprit étroit et obstiné, cette ambition jalouse et méchante, cette sécheresse de cœur se cachant sous une parole habile et calculée, tout cet attirail enfin qui fait d'elle la personne la plus détestable du monde; pour lui rendre la piété profonde et simple, l'intelligence aimable et élevée, l'esprit fin et plein de grâce, le cœur tendre et sincère, toutes ces vertus enfin et tous ces charmes qui se reflétaient en 1658 sur le visage doux et mélancolique dépeint par mademoiselle de Scudéry, et que nous allons retrouver dans les pages précieuses que les dames de Saint-Louis nous ont conservées et transmises.

C'est en effet d'après la correspondance, récemment publiée par M. Théophile Lavallée, de madame de Maintenon avec les dames de la maison de Saint-Cyr, que nous devons accomplir notre dessein. Madame de Maintenon vivait avec ces dames dans la plus parfaite intimité, elle leur parlait à cœur ouvert, sans arrière-pensée, comme une mère parlant à ses *chères filles;* il est donc impossible de puiser à une source plus pure et plus limpide : l'âme de madame de Maintenon s'y réfléchit comme dans un miroir. Cette correspondance, recueillie avec soin après sa mort et depuis bien souvent relue et recopiée à Saint-Cyr, n'était sortie de cette maison que pour s'enfouir dans les archives de la ville de Versailles, d'où M. Théophile Lavallée l'a, pour ainsi dire, exhumée. Elle s'étend de l'année 1680 à l'année 1719; elle se compose de près de quinze cents pièces, dont l'éditeur toutefois n'a publié qu'une partie; toutes en effet n'offrent pas le même intérêt; beaucoup ne renferment que des détails familiers qui fatigueraient le lecteur; il faut même s'armer d'un peu de patience pour lire tout d'une haleine celles qui composent les deux volumes imprimés sous le titre de *Lettres édifiantes et historiques;* mais on est singulièrement récompensé de la peine que l'on a prise par la connaissance intime que l'on fait avec la véritable madame de Maintenon. Plus que personne, M. Théophile Lavallée a subi l'influence de cette intimité; car, avant de connaître ces lettres, il était pour leur auteur un juge bien sévère

[1] Le beau livre de M. le duc de Noailles, dont le *Correspondant* publiait naguère un fragment, est le premier écrit où pleine justice ait été rendue à madame de Maintenon. Malheureusement la cause qu'il plaide si brillamment est loin d'être gagnée devant l'opinion.

et bien prévenu[1], tandis qu'à présent madame de Maintenon n'a peut-être pas de plus fervent chevalier. Ses ennemis lui ont reproché bien amèrement les conversions qu'elle a faites de son vivant; que diront-ils en voyant son influence s'étendre ainsi jusqu'à notre siècle? Pour nous, remercions M. Théophile Lavallée d'avoir de si bonne grâce confessé l'erreur de son premier jugement; remercions-le d'avoir réparé le mal qu'il avait fait à madame de Maintenon en la frappant des sévérités d'une plume érudite; remercions-le d'avoir pu se réfuter et se vaincre lui-même, tâche difficile pour tout autre et qu'il a si bien remplie dans sa belle *Histoire de Saint Cyr*, dont nous invoquerons souvent le témoignage, et dans le commentaire qui accompagne la correspondance que nous examinons.

Madame de Maintenon ne parvint à la cour que dans un âge déjà mûr, à quarante-cinq ans; jusque-là elle avait vécu dans le monde de Paris, et les événements singuliers de son enfance et de sa jeunesse avaient eu sur le développement de son caractère une influence trop grande pour qu'il nous soit possible de ne pas les rappeler. Les *Lettres édifiantes* nous donneront d'ailleurs des détails curieux et nouveaux, puisque madame de Maintenon entretenait parfois les dames de Saint-Louis des premiers temps de sa vie.

A l'époque où mademoiselle de Scudéry parlait d'elle en des termes si flatteurs, elle était depuis quatre ans déjà la femme de Scarron. Nous connaissons de reste le célèbre poëte et la compagnie très-spirituelle, mais très-relâchée, dont il s'était entouré.

Toute autre que Françoise d'Aubigné eût certainement succombé à une si rude épreuve; « mais les malheurs de sa famille, les vicissitudes de sa vie à peine commencée et l'incertitude de son avenir avaient hâté pour elle le temps de la maturité et de la réflexion et jeté comme une teinte de gravité sur sa jeunesse. »

Elle reconnut aussitôt les dangers de sa situation et comprit que, pour conserver sa dignité près d'un mari infirme et dans une société où sa beauté ne pouvait manquer d'obtenir les plus grands succès, il lui fallait éviter avec le soin le plus scrupuleux tout ce qui pouvait porter atteinte à sa réputation; mais, comme, d'un autre côté, il y avait en elle un besoin naturel de briller et de plaire, elle voulut, pour y parvenir, que sa vertu fût douce et indulgente. Cette conduite lui réussit à merveille.

Quoiqu'elle montrât sans cesse la tolérance la plus aimable, le ton de cette société changea bien vite au contact de son esprit et de sa grâce; elle y attira les femmes les plus distinguées de son temps et sut y régner sans conteste et sans rivale. « C'était, dit-elle, une

[1] Voyez *Histoire des Français* de M. Lavallée, t. III, p. 267.

amitié d'estime et générale. Je ne voulais pas être aimée en particulier de qui que ce soit, je voulais l'être de tout le monde, faire dire du bien de moi, faire un beau personnage et avoir l'approbation des honnêtes gens : c'était là mon idole. »

Mais celui qui courba le plus complétement la tête sous l'empire de cette fée charmante, ce fut Scarron lui-même! Elle lui témoigna tant d'affection, de respect et d'indulgence; elle fut son amie, sa servante et son écolière... tout ce qu'elle pouvait être! Sa compagnie était si douce pour lui, qu'il ne voulait pas s'en séparer; il se plaisait à développer les qualités brillantes de son esprit, à lui apprendre l'italien, l'espagnol et le latin; à lui lire ses ouvrages et même à la consulter; de son côté, elle réussit là où la douleur elle-même avait échoué : elle parvint à inspirer à ce pauvre bouffon quelques bonnes et sérieuses pensées, et fut récompensée de ses soins et de son abnégation en commençant par lui la série de ses conversions.

Il mourut en 1660 en disant à sa femme ces nobles paroles : « Je vous laisse sans biens, la vertu n'en donne pas; cependant soyez toujours vertueuse! » A peu près à la même époque, madame Scarron, après avoir assisté à l'entrée de Louis XIV ramenant d'Espagne la nouvelle reine, écrivait à madame de Villarceaux : « La reine doit être bien contente du mari qu'elle a choisi. » Mais elle était encore bien éloignée du temps où elle devait venir occuper la place de Marie-Thérèse.

Elle restait, à vingt-cinq ans, veuve, orpheline, n'ayant pour toute fortune qu'une pension de deux mille livres qu'elle obtint de la reine mère, après la mort de Mazarin [1]. Sa situation était donc plus délicate encore qu'au temps où Scarron l'avait épousée. Mais, comme elle avait fait preuve d'une bonté touchante dans son intérieur, d'une vertu tout aimable dans le monde et d'un esprit charmant dans le commerce de ses amis, elle conserva toutes les relations qu'elle s'était créées dans le salon de son mari. Madame d'Albret la conduisit chez sa belle-sœur, madame de Richelieu, qui tenait alors la place de madame de Rambouillet; et, dans ce beau monde, si poli et si spirituel, elle fut bientôt recherchée et adulée comme la femme la plus à la mode et la plus distinguée; ses succès, racontés par madame de Sévigné et plusieurs de ses contemporains, ont été constatés par Saint-Simon lui-même :

[1] Mazarin lui avait d'abord méchamment refusé la continuation de la pension de son mari. « Comment se porte donc madame Scarron? avait-il demandé à la personne qui sollicitait pour elle. — Mais fort bien, monseigneur! — En ce cas, reprit-il, vous voyez bien qu'elle ne peut succéder à Scarron dans la charge de malade de la reine. »

« C'était une femme de beaucoup d'esprit, dit-il au milieu de ses injures ordinaires, que les meilleures compagnies, dont bientôt elle fit le plaisir, avaient fait polie et ornée de la science du monde... Une grâce incomparable à tout, un air d'aisance et toutefois de retenue, aidaient merveilleusement à ses talents, avec un langage doux, juste, en bons termes et naturellement éloquent et court. »

Madame Scarron restait fidèle au dernier conseil de son mari ; plus elle était pauvre, plus elle comprenait la nécessité de ne donner aucune prise à la médisance; c'était son orgueil :

« Il n'y a rien, dit-elle, que je n'eusse été capable de faire et de souffrir pour faire dire du bien de moi ; je me contraignais beaucoup, mais cela ne me coûtait rien, pourvu que j'eusse une belle réputation : c'était là ma folie; je ne me souciais point de richesses, j'étais élevée à cent piques au-dessus de l'intérêt, mais je voulais de l'honneur. »

Un grand seigneur très-riche, mais vieux et débauché, l'avait demandée en mariage au temps où elles se trouvait le plus gênée; ses amis la pressaient d'accueillir sa proposition : « Je respecte mon indigence, » répondit-elle en refusant.

Ce n'était pas seulement son orgueil d'honnête femme qui la soutenait ainsi, c'était surtout une piété ferme et sincère, croissant en elle à mesure que ses succès mondains augmentaient. Elle donnait aux pauvres le quart de ses revenus, s'enfermait avec les malades, essayait sur elle-même des remèdes nouveaux et dangereux. Le chagrin violent qu'elle éprouva à la mort de la reine mère (1666) et la perte de son modeste traitement augmentèrent encore sa dévotion ; elle se retira dans un couvent et prit un directeur, l'abbé Gosselin, brave homme, honnête et pieux, mais d'un esprit singulièrement étroit; — ancien capitaine de cuirassiers, qui voulait l'obliger à quitter le monde, à ne plus voir ses amis, à renoncer à ses charmes. Au grand déplaisir de l'hôtel d'Albret, elle paraissait disposée à suivre ses conseils, lorsqu'elle fit la connaissance de madame de Montespan.

Ce fut chez mesdames d'Heudicourt et de Monchevreuil, ses amies d'enfance; elle lui plut bien vite et put aisément obtenir d'elle, quoique cette dame ne fût pas encore en faveur, de demander au roi la continuation de sa pension. Ce service l'attacha davantage à sa belle protectrice, femme fort aimable et de beaucoup d'esprit, qui se lia bientôt d'amitié avec elle.

Quoique ce commerce se fût singulièrement refroidi lorsque madame de Montespan fut devenue toute-puissante, celle-ci songea d'abord à madame Scarron quand il fallut faire élever secrètement le duc du Maine et sa sœur aînée. Connaissant sa discrétion, son zèle et sa bonté, elle parla d'elle à Louis XIV, et, quelques jours après, la nouvelle gouvernante fut installée, avec les deux enfants, dans une maison écartée près de Vaugirard.

« Cette sorte d'honneur assez singulier[1], » comme disait elle-même madame de Maintenon, semble aujourd'hui peu d'accord avec ses principes si scrupuleux : mais il faut se garder de juger les hommes et les choses avec les idées de son temps, si raisonnables qu'elles soient. Dailleurs, au dix-septième siècle, la majesté royale couvrait les fautes du prince et le mettait en dehors des lois communes; on louait chez lui ce que l'on eût blâmé chez ses sujets : déférence qu'il faut attribuer plus au respect qu'à la flatterie Car ce n'était pas à la cour, où parfois apparaissait quelques velléités d'opposition et de blâme, que ce sentiment était le plus fort; c'était assurément parmi les classes inférieures, qui, à cette époque, par exemple, accueillaient les enfants non reconnus du roi et leur gouvernante avec l'enthousiasme qu'ils eussent montré au roi lui-même[2]. Cette déférence, excellente sans doute dans son principe, quelque dangereuses que pussent être les conséquences, détermina madame Scarron à accepter une position que tous ses contemporains considéraient comme une insigne faveur. Elle ne le fit cependant qu'après avoir nettement exprimé sa pensée. « Si les « enfants sont au roi, écrivit-elle au duc de Vivonne, chargé de la négo-« ciation, je le veux bien. Je ne me chargerais pas sans scrupule de « ceux de madame de Montespan. Ainsi il faut que le roi me l'or-« donne. Voilà mon dernier mot. » Louis XIV lui dépêcha Louvois pour lui porter ses ordres; cela ne lui suffit pas encore : elle voulut les recevoir du roi lui-même.

Madame Scarron s'en tint exactement aux devoirs de sa charge; elle éleva les enfants confiés à ses soins avec le plus grand zèle et le plus grand secret; mais elle n'alla que rarement à la cour, et ne s'occupa, en aucune façon, des affaires de madame de Montespan. « Je ne suis « jamais entrée dans ses commerces, disait-elle aux dames de Saint-« Cyr. » D'ailleurs, le roi ne l'aimait pas. « Il ne me goûtait pas, disait-« elle encore, et d'abord il eut assez longtemps de l'éloignement pour « moi; il me craignait sur le pied de bel esprit, s'imaginant que j'étais « une personne difficile et qui n'aimait que les choses sublimes. » En effet, tous ses entretiens avec madame de Montespan étaient autant de sermons qui le mettaient fort en colère. « Un jour que madame d'Heu-« dicourt lui dit, en revenant d'une promenade où madame de Mon-« tespan et moi avions été avec elle, que nous avions parlé toutes deux

[1] *Lettres édif.*, t. II, p. 461.

[2] Voyez dans l'histoire de M. le duc de Noailles le récit du voyage de madame de Maintenon à Bagnères avec le duc du Maine, âgé de quatre ans.

« de choses si relevées qu'elle nous avait perdues de vue, cela déplut « si fort au roi, qu'il ne put s'empêcher de le remarquer, et je me « souviens qu'il fallut, pendant quelques jours, ne plus paraître devant « lui. » Si on en croit Saint-Simon, l'aversion du roi était même plus forte qu'elle ne le dit là, et s'accrut encore lorsqu'elle eut été installée à Versailles, après la reconnaissance officielle du duc du Maine.

Bientôt cependant le roi fut vaincu. Il trouva madame Scarron si remplie de cœur et de dévouement; il la vit si affligée à la mort de la sœur du duc du Maine, si attentive auprès de ce jeune prince contrefait et continuellement malade, qu'il se laissa fléchir, lui pardonna son bel esprit, et l'aima pour l'amitié qu'elle portait à ses enfants. Puis peu à peu il prit plaisir à sa société, goûta l'élévation de ses pensées, la grâce de ses discours, et sans doute aussi les charmes de sa personne, si bien que cette amitié lui devint nécessaire et qu'il ne put s'en passer[1].

Nous n'avons pas le dessein de raconter ici l'histoire de la disgrâce de madame de Montespan, et de discuter la part que madame de Maintenon y prit. Il est certain que cette part fut grande, et que, indirectement par la séduction qu'elle exerçait sur Louis XIV, directement même par ses conseils multipliés, elle prépara et amena cette rupture. Mais il est nécessaire que nous expliquions sa conduite; ceux qui lui donnent pour mobile l'ambition vulgaire de supplanter une rivale se trompent grossièrement sur son caractère et sont d'ailleurs démentis par les faits. Succéder à madame de Montespan était si loin de sa pensée, que son premier acte, après la disgrâce de celle-ci, fut de réconcilier le roi avec la reine, encore vivante à cette époque. Elle montra d'ailleurs trop de désintéressement durant tout le cours de sa vie pour qu'il soit permis de lui prêter autre chose qu'un soin raisonnable de ses intérêts personnels. Nous verrons tout à l'heure de quelle retenue et de quelle modestie elle fit preuve quand elle fut devenue la femme légitime du plus grand des princes. Elle n'avait pas non plus l'ambition de gouverner le roi; car, quelle que fût son influence, elle se tint constamment à l'écart, dans une réserve prudente, et n'affecta jamais le ton et les manières d'une favorite toute-puissante. Or qu'est-ce que l'ambition, alors qu'elle dédaigne tous les avantages du pouvoir?

Si ce ne furent l'ambition ni l'intérêt qui inspirèrent sa conduite, quels en ont donc été les mobiles? Madame de Maintenon, nous l'avons dit, était d'une piété sérieuse et profonde, et si, par respect pour le roi, elle se résignait à devenir le témoin de ses désordres, elle avait l'âme trop haute pour s'en rendre la complice. Elle en était d'autant plus

[1] Ce fut alors que le roi donna à madame Scarron la terre de Maintenon, qu'il érigea en marquisat pour elle.

affligée, qu'elle avait pour la personne du monarque une affection respectueuse et une admiration profonde. Elle ne pouvait se consoler de voir un si grand prince s'écarter comme il le faisait des voies de son salut, et donner à son peuple des exemples qui ne pouvaient manquer d'être suivis. Quoi de plus naturel alors que la pensée de travailler à sa conversion? Elle n'en eut assurément pas d'autre; et cette pensée s'empara si fortement de son esprit, qu'elle crut y reconnaître la volonté divine et se persuada qu'elle était appelée à être l'instrument du salut du roi :

« Je commençai à voir qu'il ne me serait pas impossible d'être utile au salut du roi, disait-elle à Saint-Cyr [1]; je commençai à être convaincue que Dieu ne me retenait à la cour que pour cela, et je bornai là toutes mes vues. »

Ses directeurs la fortifiaient dans ce dessein, et la soutenaient de leurs conseils quand elle se laissait effrayer par les obstacles qu'elle rencontrait.

« Je ne puis croire, lui écrivait l'évêque de Chartres, qu'un homme de tant de prières, à qui Dieu a donné une amie si fidèle et si chrétienne, comme par un miracle, ne devienne à la fin un homme nouveau. Ne vous découragez donc pas; travaillez en paix, avec circonspection, mais sans relâche, à cette œuvre excellente que Dieu vous a confiée... Ne vous faites pas de règles avec lui; quoique votre piété l'éloigne, ne vous éloignez pas... Il faut qu'il passe par le scandale de cette vertu qui lui est si nouvelle avant qu'il se puisse apprivoiser à en connaître le prix [2]. »

Pour atteindre le but qu'elle se proposait, madame de Maintenon eut à vaincre de terribles résistances, et madame de Montespan, soutenue par Louvois, ne céda qu'à la dernière extrémité. Faut-il, comme voudrait bien le faire Saint-Simon, s'attendrir sur le sort de celle-ci et plaindre sa défaite; accuser celle qui l'éloigna d'ingratitude et de perfidie? Madame de Maintenon n'avait pas oublié les bienfaits de son ancienne protectrice; elle n'avait pas oublié l'affection qu'elle lui avait portée, et ne croyait pas pouvoir lui en donner une preuve meilleure que de la ramener au respect de ses devoirs, en la tirant d'un scandale encore plus grave pour elle que pour le roi. Peut-être nos lecteurs seront-ils de son avis, surtout quand ils auront appris d'elle-même le secret de sa conduite.

[1] « Elle était persuadée que c'était pour cela que Dieu avait conduit les choses au point où elles en étaient. » (*Mémoires de mademoiselle d'Aumale*).

[2] *Lettres édif.*, t. II.

Un jour, à Saint-Cyr, parlant aux demoiselles du plaisir de vivre avec ses amis, elle s'arrêta pour dire tout bas à la maîtresse :

« Il y a cependant une maxime d'un auteur païen que je trouve bien dure : c'est d'agir avec ses amis comme si l'on était assuré qu'ils deviendront un jour nos ennemis. Je me contenterais, ce me semble, de ne leur rien laisser voir de mauvais en moi..... Madame de Montespan et moi, par exemple, nous avons été les plus grandes amies du monde ; elle me goûtait fort, et moi, simple comme j'étais, je donnais dans cette amitié. C'était une femme de beaucoup d'esprit et pleine de charmes ; elle me parlait avec une grande confiance et me disait tout ce qu'elle pensait. Nous voilà cependant brouillées, sans que nous ayons eu dessein de rompre. Il n'y a pas eu assurément de ma faute de mon côté, et, si cependant quelqu'un a sujet de se plaindre, c'est elle; car elle peut dire avec vérité : C'est moi qui suis cause de son élévation ; c'est moi qui l'ai fait connaître et goûter du roi : puis elle devient la favorite et je suis chassée. D'un autre côté, ai-je tort d'avoir accepté l'amitié du roi aux conditions que je l'ai acceptée? ai-je tort de lui avoir donné de bons conseils, et d'avoir tâché autant que je l'ai pu de rompre ses commerces? Mais revenons à ce que j'ai voulu dire d'abord. Si, en aimant madame de Montespan comme je l'aimais, j'étais entrée d'une mauvaise manière dans ses intrigues, si je lui avais donné de mauvais conseils ou selon Dieu ou selon le monde; si, au lieu de la porter tant que je pouvais à rompre ses liens, je lui avais enseigné le moyen de se conserver l'amitié du roi, n'aurait-elle pas à présent de quoi me perdre si elle voulait se venger? Et ne pourrait-elle pas dire au roi : Cette personne que vous estimez tant me disait telle et telle chose ; elle me portait à cela, elle me conseillait de faire ainsi... Je disais, il y a bien des années, à M. de Barillon, qu'il n'y a rien de si habile que de n'avoir point tort, et de se conduire toujours et avec toutes sortes de personnes d'une manière irréprochable... Il est toujours plus chrétien, plus vertueux, plus sûr et plus honorable de n'avoir fait qu'un beau personnage, et quand même il arriverait que l'on ignorerait éternellement la sagesse de notre conduite, je trouve que l'on doit compter pour beaucoup le bon témoignage que nous rend notre conscience. Puis en se levant elle dit aux demoiselles : Adieu, mes enfants; je suis obligée de partir pour Versailles ; mais je viens de donner à ma sœur de Saint-Périer un beau champ à vous instruire[1]. »

« Peu de gens, disait-elle encore, sont capables de croire que je « sois où je suis sans y être parvenue par une profonde habileté[2]. » Mais, en poursuivant ce qu'elle appelait sa *mission*, elle ne songeait guère à

[1] *Lettres*, t. II, p. 72 et suiv. — Madame de Maintenon, du reste, ne fut jamais ouvertement brouillée avec madame de Montespan ; elle continua de la voir, et celle-ci, touchée sur la fin de ses jours d'une piété sincère, lui pardonna sans doute d'avoir été la cause de sa disgrâce. Voyez à cet égard le remarquable fragment publié par M. le duc de Noailles dans le *Correspondant* du mois de novembre dernier.

[2] *Ibid.*, t. II, p. 217.

sa propre élévation, et toute son habileté consistait à se laisser conduire par la Providence.

« Je n'ai point recherché ce qui m'est arrivé, ce que l'on ne pourra jamais croire; cependant rien n'est si vrai[1] ! »

Elle réussit au gré de ses espérances; le roi cessa de mener la vie déréglée qu'il avait eue jusqu'alors. Il se rapprocha de la reine; mais il ne voulut pas abandonner l'amie qui l'avait éclairé, et dont les conseils lui étaient trop précieux pour qu'il pût y renoncer. Il la retint à la cour et se chargea lui-même de sa fortune; si bien que madame de Maintenon, blâmant chez ses contemporains un travers qui n'appartient pas exclusivement à notre époque, pouvait dire en toute bonne foi : « Un des malheurs de notre siècle est que chacun veut s'élever « au-dessus de son état; vous me direz que j'en parle bien à mon aise: « mais Dieu sait si j'ai voulu m'élever[2]. »

Le principal attrait que la cour eut alors pour madame de Maintenon, ce fut de lui présenter le spectacle du bonheur de la reine, qui ne cessait de la remercier de lui avoir rendu l'affection de son époux[3]. Cette bonne princesse lui témoigna sa reconnaissance d'une façon délicate; en 1682, le jour de sa fête, elle lui fit présent de son portrait : « Le don que m'a fait la reine, disait-elle à ce sujet, est tout ce « qu'il y a de plus agréable pour moi depuis que je suis à la cour[4]. » Elle jouissait ainsi de son ouvrage; mais malheureusement sa satisfaction ne fut pas de longue durée : la reine mourut inopinément l'année suivante.

Le crédit de madame de Maintenon s'affermit de jour en jour. En 1684 ou en 1685, elle épousa secrètement Louis XIV, et pendant trente ans l'attachement du roi ne se démentit jamais. Nous n'avons pas à raconter l'histoire de cette union et à en discuter les conséquences politiques; nous allons, au contraire, quitter la cour et suivre madame de Maintenon dans la retraite qu'elle s'était choisie, et où elle passait tous les instants qu'elle pouvait dérober à son royal époux.

Elle ne fut pas en effet éblouie par son incroyable fortune. « Son mariage ne se manifesta par aucun signe extérieur et ne changea presque rien à sa position apparente, à ses habitudes ni à celles du roi. Sa modestie, sa réserve ordinaire, n'en furent point diminuées. Elle n'accrut point son domestique; elle ne se permit aucune espèce de luxe. Son ameublement et ses toilettes n'eurent de remarquable qu'une

[1] *Ibid.*, t. Ier, p. 312.
[2] *Ibid.*, t. Ier, p. 272.
[3] Dieu a suscité madame de Maintenon pour me rendre le cœur du roi, disait la reine. (*Mémoires de mademoiselle d'Aumale*, cités par M. Lavallée.)
[4] *Lettres à madame de Saint-Géran*, 1er nov. 1682.

simplicité qui n'excluait pas un certain air de grandeur. Dans le monde et à la cour, elle eut toujours officiellement le rang que lui donnait son titre, et ne fut jusqu'à son dernier jour que la marquise de Maintenon[1]. » D'un mot elle caractérisait la position qu'elle s'était faite : « Je ne suis pas grande, je suis seulement élevée[2]. »

« Je remarque que les démarches que j'ai faites dans la piété, disait-« elle, ont toujours été à mesure que ma fortune est devenue meilleure. « Tous les degrés de faveur et de prospérité ont été suivis de quelque « avancement dans la dévotion[3]. » En même temps aussi s'augmentaient son éloignement pour le monde et son besoin d'isolement. « Je haïssais la cour, disait-elle après la mort du roi, et je n'avais jamais désiré d'y être[4]. » Elle se la représentait comme « ce monde si souvent maudit « de Dieu, ce monde pour qui Jésus-Christ ne voulut point prier la « veille de sa mort, où toutes les passions sont en mouvement, l'inté-« rêt, l'ambition, l'envie, le plaisir[5]. » Elle y voyait « des trahisons, « des bassesses, des ambitions démesurées ; d'un côté des envies « épouvantables, de l'autre des gens qui ont la rage dans le cœur, qui « ne cherchent qu'à se détruire les uns les autres; enfin mille mauvais « procédés, et tout cela souvent pour des bagatelles. Cela ne suffirait-il « pas, ajoutait-elle, pour me reléguer moi-même au bout du monde et « retourner à l'Amérique, si l'on ne me disait sans cesse que Dieu me « veut où je suis[6]? » En faisant la part de l'exagération dans ce tableau, tracé à une époque où madame de Maintenon avait le cœur déchiré par les malheurs de la guerre d'Espagne et les souffrances publiques, on voit cependant que les plaisirs mondains de la cour n'avaient pour elle aucun attrait, qu'elle en était au contraire lasse et dégoûtée, et l'on comprend le bonheur qu'elle éprouvait toutes les fois qu'il lui était possible de trouver un peu de calme et de repos.

Ce fut d'abord dans sa terre de Maintenon qu'elle allait se délasser des fatigues de la cour. Elle n'y voyait personne et jouissait à son aise de « son petit empire. » Elle y avait fondé un asile pour les vieillards, une manufacture de toiles et une école pour les enfants pauvres. Quand elle se trouvait au milieu de ses paysans, des vieillards qu'elle consolait, des enfants auxquels elle apprenait le catéchisme, sa joie était parfaite et rien n'y manquait. Elle était pour les pauvres gens d'une bonté et d'une patience sans égales, et trouvait plus de plaisir

[1] *Histoire de madame de Maintenon*, par M. G. Héquet, p. 185. (Ce volume est un excellent résumé de la grande *Histoire de M. le duc de Noailles.*)

[2] *Lettres édif.*, t. II, p. 277.

[3] *Ibid.*, t. II, p. 319.

[4] *Ibid.*, t. II, p. 454.

[5] *Ibid.*, t. p. 155.

[6] *Ibid.*, p. 365. V. aussi p. 426.

à jouir de leur reconnaissance qu'à écouter les flatteries des courtisans.

Mais bientôt des soins plus importants réclamèrent tous ses loisirs. Vers 1685, elle avait recueilli à Ruelle quelques jeunes filles malheureuses, pour la plupart filles de protestants convertis; elle les faisait élever à ses frais par une religieuse ursuline fort intelligente et fort instruite, nommée madame de Brinon. Ce petit établissement prospéra; les solliciteurs vinrent de toutes parts en assiéger la généreuse protectrice, qui fut bientôt obligée d'acheter à Noisy une maison plus vaste pour y loger toutes ses petites écolières. Le roi voulut visiter cette maison, et il y trouva tout si bien ordonné, qu'il résolut de confier à madame de Maintenon l'exécution d'un projet qu'il avait conçu depuis quelques années.

Louis XIV, ennemi de tout ce qui portait ombrage à sa toute-puissance, n'aimait pas la noblesse comme corps politique ; il avait réussi à lui enlever son importance et son crédit auprès du peuple ; mais il aimait les nobles qui entouraient son trône, qui l'avaient si bien servi dans ses longues guerres, et dont beaucoup s'étaient ruinés à son service ; car il n'était ni méchant ni ingrat, et l'égoïsme du génie n'avait pas étouffé dans son cœur la bonté traditionnelle des Bourbons. Aussi, au temps où il fondait l'hôpital des Invalides pour ses vieux soldats, et des écoles militaires pour les fils de ses officiers malheureux, il songeait également à ouvrir une maison d'éducation pour les filles pauvres de la noblesse. Un autre motif l'y engageait encore. L'éducation que les femmes recevaient alors dans les couvents était loin d'être parfaite ; on leur laissait ignorer les choses les plus essentielles pour leur enseigner les pratiques d'une dévotion étroite et ridicule. Louis XIV n'aimait pas les couvents, et désirait améliorer l'éducation des filles. Dans cette pensée, il voulait créer un établissement sur lequel toutes les autres institutions ne manqueraient point de prendre modèle en le voyant l'objet de la faveur royale, et dont les élèves « multiplieraient dans la suite la bonne éducation qu'elles y auraient reçue[1]. »

Madame de Maintenon entra bien vite dans les vues du roi, et se dévoua tout entière à une œuvre qu'elle considéra comme un grand service rendu à l'Église et à l'État. Elle accepta la direction de l'institut des dames de Saint-Louis établies à Saint-Cyr, et crut expier sa haute fortune et sanctifier ses grandeurs en les consacrant au service de cette maison ; ce fut pour elle un moyen de salut dont elle remercia la Providence[2].

[1] *Lettres édif.*, t. Ier, p. 14.

[2] Elle disait souvent en parlant aux dames du rôle qu'elle jouait à Saint-Cyr : « Ce personnage que Dieu me fait faire au milieu de vous. »

« Que ferais-je sans cette maison? disait-elle, je ne vivrais pas. Je crois que Dieu me l'a donnée non-seulement pour faire mon salut, mais pour mon repos; car elle ne me sert pas seulement à prier Dieu et à me recueillir, mais à me délasser : elle me fait oublier les autres affaires. Quand je suis ici et que je m'occupe, quand nous sommes en conseil ou que je parle à quelqu'un, je ne pense en vérité pas qu'il y ait une cour; ainsi je respire un peu[1]. »

En effet, Saint-Cyr ne fut pas seulement pour elle une occupation de tous les jours; il devint bientôt l'objet de sa prédilection. On peut dire en toute vérité que cette maison fut ce que nous nommons un intérieur pour cette femme aimante et bonne qui n'avait jamais connu les véritables joies de la famille.

Les dames et les élèves de la maison de Saint-Louis furent donc ses enfants; elle ne les nommait jamais autrement que *ses chères filles*, et les gouvernait bien plus en amie qu'en supérieure[2]. Toutefois, dans les premiers temps, son influence ne fut pas dominante; elle se vit obligée de se conformer aux volontés du roi, qui contrariaient secrètement les siennes. Louis XIV, en effet, voulait imprimer au nouvel institut ce caractère de grandeur dont il aimait à revêtir toutes ses créations; car il lui semblait que tout ce qui émanait de son gouvernement devait refléter l'éclat de la majesté royale. Il désirait que les jeunes filles fussent élevées comme des demoiselles appelées à figurer dans le grand monde, et que, par leur instruction, leurs talents et leur esprit, elles s'élevassent tellement au dessus des autres femmes, qu'il fût impossible de ne pas admirer en elles les effets de la haute protection dont elles auraient été l'objet. Pour leur donner cette éducation brillante, il eût été maladroit sans doute de les confier à de bonnes et simples religieuses; il fallait mettre à leur tête des femmes de la société qui conservassent à Saint-Cyr leurs belles manières et leur bel esprit. Le père de la Chaise, consulté, connaissait trop bien l'esprit du roi pour être d'une autre opinion; ce qui fit qu'il exprima en très-bons termes une excellente pensée : « Des jeunes filles, disait-il, « seront mieux élevés par des personnes tenant au monde. L'objet de « la fondation n'est pas de multiplier les couvents, qui se multiplient « assez d'eux-mêmes, mais de donner à l'État des femmes bien élevées. L'éducation, perfectionnée à Saint-Cyr, produira de grandes « vertus, et les grandes vertus, au lieu d'être enfermées dans les cloî- « tres, devraient servir à sanctifier le monde. » Restait à savoir si cette éducation, perfectionnée comme le voulait le roi, devait produire ces grandes vertus.

[1] *Lettres édif.*, t. II, p. 155.

[2] Voyez, pour tout ce qui concerne l'organisation et l'histoire de la maison de Saint-Louis, l'excellent livre de M. Th. Lavallée, que l'Académie a couronné cette année même.

En attendant, on s'empressa de se conformer à ses idées; les dames de Saint-Louis, choisies parmi les jeunes filles de Noisy qui s'étaient le plus distinguées, ne prêtèrent point de vœux solennels, restèrent femmes du monde, prirent de grands airs et un ton distingué qu'elles s'efforcèrent de transmettre aux jeunes filles confiées à leurs soins.

« Nous voulions alors, dit plus tard madame de Maintenon, une piété solide, éloignée de toutes les petitesses des couvents, de l'esprit, de l'élévation, un grand choix dans nos maximes, une grande éloquence dans nos instructions, une liberté entière dans nos conversations, un ton de raillerie agréable dans la société, de l'élévation dans notre piété et un grand mépris pour les pratiques des autres maisons. »

Fénelon et Bossuet venaient quelquefois faire entendre aux demoiselles de Saint-Cyr leur sublime parole; mademoiselle de Scudéry composait les *Conversations* qu'elles devaient apprendre par cœur; Racine, les pièces de théâtre qu'on leur faisait représenter. C'était merveille de voir jouer *Athalie* et *Esther* par ces jeunes actrices, les seules probablement qui, avant d'entrer en scène, se soient jamais mises à genoux pour réciter le *Veni Creator*. Le roi se plaisait infiniment à ces divertissements ; il y conduisait les princes et les grands personnages de la cour, des évêques et des jésuites, des hommes de lettres et des gens d'esprit. La faveur royale eut pour effet de donner à Saint-Cyr un éclat extraordinaire, et d'en faire l'objet des conversations, des flatteries et quelquefois aussi des critiques de la cour et de la ville

Les dames de Saint-Louis ne surent pas supporter un tel excès d'honneur ; l'orgueil leur tourna l'esprit; elles se crurent des personnages importants dans l'État, des femmes supérieures dont les arrêts faisaient loi; peut-être, au lieu de leur donner *Esther*, aurait-on mieux fait de leur faire lire les *Femmes savantes* ou les *Précieuses ridicules*; leurs prétentions au bel esprit n'avaient point de borne.

« Vous avez rempli votre mémoire et vidé votre cœur, leur disait madame de Maintenon justement alarmée... Le grand mal, à présent, de Saint-Cyr, est la bonne opinion de soi et l'envie de s'élever par l'esprit au-dessus de toute simplicité... Mais, en vérité, ce que nous appelons esprit n'est que beaucoup d'orgueil qui nous fait désirer de nous distinguer, de nous élever et de pouvoir regarder les autres au-dessous de nous [1]. »

A ce travers elles ajoutaient celui de disputer à tous moments sur les questions les plus ardues de la théologie.

« Je ne comprends rien à votre piété, disait encore madame de Maintenon; tout est inutile entre vos mains, et il semble que toutes les instructions qu'on vous fait ne sont que pour vous divertir, pour exciter votre mémoire et votre

[1] *Lettres édif.* t. Ier, p. 135, 229, 432.

discernement, qui ne manque pas aussi d'en dire son avis avec plus de décision que ne pourraient faire les plus habiles gens... On est instruit chez vous au delà du nécessaire; on y raffine sur la piété, et je ne crois pas que par le discours on puisse aller plus loin. Nous ferions tous des livres sur le renoncement le plus délicat, sur la conformité à la volonté de Dieu, sur l'amour désintéressé, sur la liberté des enfants[1]. »

Ceci, plus encore que le bel esprit, devait déplaire à madame de Maintenon, dont la piété simple et droite était bien éloignée de tous ces raffinements.

« L'Évangile, les commandements de Dieu et les pratiques des vertus de notre état : voilà, disait-elle, tout ce que je sais et tout ce que je veux savoir[2]. »

A toutes les recherches, à toutes les subtilités, à toute la science même d'une dévotion trop apprêtée pour n'être pas orgueilleuse, elle préférait ce qu'elle appelait une simplicité d'enfant.

« Rien n'est plus mauvais que ces esprits pointilleux qui s'enfoncent dans leur raisonnement, appuyés sur des suppositions de choses qui n'arriveront peut-être jamais, qui subtilisent à l'infini et s'entortillent dans mille raffinements; rien n'est meilleur qu'un esprit simple et droit qui se sert de sa lumière pour trouver des facilités à tout et jamais pour former des difficultés[3]. »

A toutes les pratiques exagérées et minutieuses d'une excessive austérité, elle préférait encore l'humilité du cœur.

« Dieu ne nous appelle pas tous au martyre, et il nous appelle tous à l'humilité; il n'a pas dit à tous : Soyez martyrs, il a dit à tous : Soyez doux et humbles de cœur. Est-il possible que vous croyiez le sacrifice de votre corps plus digne de lui que le sacrifice de votre esprit, et que vous pensiez faire beaucoup en perdant votre santé et en conservant toutes vos préventions[4] ?.. Un sentiment d'humilité est plus agréable à Dieu que de porter la haire, vaut mieux que tous les jeûnes et n'altérera point votre santé[5]. On peut vivre austèrement et déplaire à Dieu : on ne lui déplaît jamais quand on est charitable et humble[6]. »

Un autre caractère de la piété de madame de Maintenon était une extrême indulgence.

[1] *Lettres édif.*, t. Ier, p. 250-298.
[2] *Lettres édif.*, t. II, p. 194.
[3] *Lettres édif.*, t. I, p. 444.
[4] *Lettres édif.*, t. Ier, p. 106.
[5] *Lettres édif.*, t. Ier, p. 190.
[6] *Lettres édif.*, t Ier, p. 99.

« Si vous aimez Dieu, il faut le faire aimer et aller à cette fin-là par toutes sortes de moyens qui y sont propres. Vous ne le ferez pas aimer si votre piété est rude, sauvage et austère; rendez-la douce et attirante, demeurez sévère pour vous, mais soyez tendre pour les autres[1]. Soyez plus bonne que pauvre, qu'exacte, que ménagère, et par là vous ferez les biens solides de votre maison. »

Cette droiture et cette douceur d'esprit produisaient en elle une sérénité confiante bien éloignée de l'inquiétude timorée qu'elle cherchait à calmer chez quelques-unes des dames.

« Prenez les sentiments des enfants pour leurs pères et quittez ceux des valets pour leurs maîtres; ils les craignent par des vues basses; ils n'osent montrer leurs maux, de peur qu'on les leur reproche, de peur d'être à charge, de peur de n'être pas payés, s'ils ne gagnent leur salaire par le travail; ils ont l'esprit aigri du malheur de leur condition, et servent en esclaves, accablés du joug qu'ils sont contraints de porter; — les enfants sont malades dans le sein de leurs pères et de leurs mères; ils le sont doucement, hardiment; ils ne craignent rien, ils se consolent avec eux, et voient augmenter leur tendresse par le mouvement de la compassion... Voyez si vous ne déplairiez pas à Dieu en les regardant comme ce maître tyrannique et dur, et si vous ne devez pas les regarder comme ce père qui vous aime et qui vous tient entre ses bras[2]? »

Remplir tous ses devoirs avec exactitude, selon son état, dans la vue de plaire à Dieu et en demeurant toujours en sa présence, lui paraissait la meilleure manière de l'honorer.

« Ne faites pas consister votre piété, disait-elle, dans une multitude de prières au chœur, mais dans une prière continuelle par la présence de Dieu dans toutes vos actions[3]... Aimons les vertus de notre état, et gardons-nous de la subtile tentation de négliger ce que Dieu demande de nous pour faire ce qu'il ne nous demande point. Les femmes mariées aiment mieux servir les pauvres malades à l'hôpital que de servir leurs maris malades et leurs enfants; les religieuses cherchent les pratiques extraordinaires plutôt que l'accomplissement de leurs vœux et l'exercice de toutes les vertus de la religion[4]. Vous trouverez toujours Dieu en faisant votre devoir et en vous attachant de bonne foi à ce qu'on vous demande. Une médecine donnée dans l'obéissance, selon votre charge, écrivait-elle à la dame infirmière, vous sera plus utile et meilleure qu'une oraison hors d'heure, et c'est ce bon esprit-là que je voudrais établir dans la maison[5].

[1] *Lettres édif.*, t. Ier, p. 127.
[2] *Lettres édif.*, t. Ier, p. 143.
[3] *Lettres édif.*, t. Ier, p. 294.
[4] *Lettres édif.*, t. Ier, p. 287.
[5] *Lettres édif.*, t. Ier, p. 98.

Elle le voulait établir non-seulement pour donner aux dames de Saint-Louis une modestie et des manières plus conformes à leur position et à leur caractère, mais aussi dans l'intérêt des jeunes filles qui prenaient, à l'exemple de leurs institutrices, des airs de suffisance et des pensées orgueilleuses qu'elle était désolée de trouver en elles. Elle avait, en général, sur le rôle que les femmes sont appelées à jouer dans le monde, des principes forts sévères.

« Dieu, disait-elle, a soumis notre sexe au moment qu'il l'a créé. La faiblesse de notre esprit et de notre corps a besoin d'être conduite, soutenue et protégée; notre ignorance nous rend incapables de décision, et nous ne pouvons, dans l'ordre de Dieu, gouverner que dépendamment des hommes[1]. »

Mais, quand elle songeait aux demoiselles de Saint-Cyr, elle condamnait bien plus sévèrement chez elles ce qu'elle eût blâmé chez toutes les jeunes filles; car, au lieu de trouver dans le monde la position brillante qu'elles croyaient due à leur mérite, filles de parents pauvres et n'ayant pour toute fortune que la dot promise par le roi, elles devaient avoir bien des mécomptes à souffrir et bien des regrets à dévorer. Leur orgueil trop développé, leur esprit trop cultivé, leur intelligence trop exercée, devaient être pour elles une source de chagrins amers et sans cesse renouvelés. Madame de Maintenon souhaitait donc que leurs maîtresses, au lieu d'en faire des femmes supérieures, les rendissent des personnes douces, bonnes, charitables, modestes, aimant par avance le calme et l'obscurité qui les attendaient, et ne désirant d'autre bonheur, n'enviant d'autre gloire que le bonheur tranquille et la gloire aimable d'être des filles soumises et de bien élever leurs enfants. Elle pensait qu'elle rendrait plus de service à l'État en envoyant tous les ans, dans les provinces, un certain nombre de « bonnes filles qui deviendraient de bonnes femmes, » prêtes à y prêter l'exemple de toutes les vertus domestiques, qu'en donnant aux cercles de Paris et aux salons de Versailles quelques beaux esprits, comme sa parente, mademoiselle de Chanteloup, dont elle disait :

« Je ne crois point que la douceur d'un mari puisse être à l'épreuve de ne lui pas donner un soufflet aux manières méprisantes qu'elle aura, si vous ne la changez[2]. »

[1] *Lettres édif.*, t. Ier, p. 392.

[2] *Lettres édif.*, t. Ier, p. 88. « Des personnes élevées aux frais de la patrie, disait-elle, doivent constamment la servir par la pratique de toutes les vertus; une demoiselle élevée à Saint-Cyr devient comptable à l'État d'un pareil honneur, et, pour répondre à cet engagement, elle ne doit jamais en perdre le souvenir. »

Après quelques années d'expérience, madame de Maintenon fut donc convaincue qu'une réforme était devenue nécessaire. Elle se mit à l'œuvre, avec l'assentiment du roi, qui redoutait chez les femmes le bel esprit autant qu'il aimait en elles la distinction.

« Il faut reprendre votre établissement par le fondement, dit-elle aux dames de Saint-Louis, et l'établir sur l'humilité et la simplicité; il faut renoncer à cet air de grandeur, de hauteur, de fierté, de suffisance; il faut renoncer à cette délicatesse, à cette liberté de parler, à ces murmures et à ces manières de railleries toutes mondaines, et enfin à la plupart des choses que nous faisions. »

D'après les conseils de l'excellent évêque de Chartres, Desmarets, elle les soumit à des règles plus sévères, à une vie plus pénible, plus minutieusement occupée, où elles ne s'appartenaient pas un seul instant et pour laquelle il fallait une vocation bien déterminée; pour les y préparer, elle leur fit faire un dur noviciat, et pour les y retenir elle exigea d'elles des vœux solennels qui les convertirent en religieuses. L'institut, toutefois, resta ce qu'il devait être, dans la pensée de ses fondateurs, une maison d'éducation et non pas un couvent; madame de Maintenon eut grand soin d'éviter cet écueil, de conserver aux dames de Saint-Louis leur caractère particulier, et, tout en leur faisant perdre ces grandes manières qui les rendaient presque ridicules, cette « politesse du monde qui n'est que vanité et dissimulation, » de leur laisser tous les charmes de femmes aimables, bien élevées, instruites et capables de former les jeunes personnes à la vie mondaine qui attendait le plus grand nombre d'entre elles.

« Les Dames, disaient les Constitutions, donneront à l'éducation des demoiselles toute l'étendue qu'elle doit avoir, et ne négligeront rien de ce qui doit les former à la piété, aux bonnes mœurs, à la bienséance, au travail et à la science de toutes les choses qui leur conviennent; tout cela, cependant, dans les justes bornes que la prudence demande, et d'une manière qui ait rapport à l'état de pauvreté où elles sont nées et où elles doivent peut-être retourner. »

Cependant l'éducation fut plus simple qu'elle ne l'était auparavant, on en retrancha tout ce qui n'était propre qu'à développer l'esprit des eunes filles sans développer en même temps les qualités de leur cœur. Racine, qui conservait pour la maison de Saint-Louis une tendre affection, ne fit plus pour elles que des cantiques spirituels, et, de ses tragédies, on ne répéta plus que les chœurs. « Pendant douze années, dit l'historien de Saint-Cyr auquel nous renvoyons nos lecteurs, les jeunes filles étaient instruites, formées, dirigées, encouragées, corrigées en toute chose et à toute heure par des institutrices saintement dévouées à cette œuvre, qui ne les perdaient pas de vue un seul instant, qui les suivaient partout, qui variaient leurs soins, leurs instructions, leur vigilance d'après les caractères, les âges, les circonstances. Aussi, sur deux à trois mille demoiselles qui furent élevées à Saint-Cyr pendant cent ans, et qui se dispersèrent dans toute la France pour y embrasser les états les plus différents, aucune, excepté les actrices d'*Esther*, n'a laissé un nom ; vertus, talents, beauté, esprit, tout a été enseveli dans la même obscurité où sont restées elles-mêmes leurs saintes institutrices : c'est le plus grand éloge qu'on puisse faire de l'éducation donnée dans la maison royale de Saint-Cyr. »

Celles de ces jeunes filles qui eurent le bonheur de connaître madame de Maintenon trouvèrent en elle la tendresse et la sollicitude d'une mère ; car elle était pour les enfants d'une excessive bonté. Continuellement elle en avait autour d'elle dans son appartement de Saint-Cyr ; à la cour même elle faisait élever, sous ses yeux, son neveu Charles d'Aubigné, ses nièces mesdames de Noailles et de Caylus, mesdemoiselles d'Aumale, de Breuillac, de Boujü, de Latour, de Penchrech et bien d'autres qui vécurent successivement auprès d'elle et qui furent traités comme des enfants d'adoption. Même dans l'âge le plus avancé, elle se plaisait encore dans leur compagnie ; c'est en 1717, à quatre-vingt-deux ans, qu'elle écrivait :

« Je trouve bien de l'occupation à la petite famille que je mets autour de moi, et à qui je tâche d'être utile en jouant au Corbillon [1]. »

Sa bienveillance ne se limitait pas à ses favorites ; elle s'étendait à toutes les demoiselles, dont elle venait souvent surveiller les études et partager les récréations, à qui elle donnait sans cesse des conseils, des encouragements et des récompenses ; qu'enfin elle prenait soin d'établir à leur sortie de Saint-Cyr. « Ce qu'il y a de plus difficile pour moi, disait-elle à ce propos, c'est de trouver des gendres. » Quand elle n'y parvenait pas, elle plaçait les jeunes filles comme novices à Saint-Cyr ou dans quelque autre maison religieuse ; mais elle ne prenait ce dernier parti qu'avec une extrême prudence.

« Les parents, disait-elle, veulent que leurs filles soient religieuses, parce qu'elles n'ont pas de bien ; ce n'est pas là une bonne raison, et elles seront de mauvaises religieuses si elles le sont sans vocation. »

Cela devait être un touchant spectacle que de voir cette femme, occupée de si grandes affaires et de si hautes pensées, devenir si douce, si patiente, si bonne au milieu de ces enfants dont elle s'était fait une fa-

[1] *Lettres édif.*, t. II, p. 450.

mille, et qui lui donnaient ce qui lui manquait à la cour, la joie d'être véritablement aimée[1].

Quant à son affection pour les dames de Saint-Louis, elle devenait plus vive et plus intime à mesure qu'elle les voyait entrer plus docilement dans les voies nouvelles qu'elle leur avait ouvertes; elle eut à vaincre d'abord beaucoup de résistances et de mauvais vouloir ; elle fut même obligée de sévir et d'éloigner madame de Brinon, qui pourtant, en cessant d'être supérieure, resta son amie et lui demeura constamment fidèle ; c'est qu'elle portait, dans toutes ses actions, tant de douceur et d'aménité, « que Dieu, disait-elle, lui faisait la grâce de ne « jamais fâcher personne. » Mais enfin elle réussit au gré de ses désirs ; et fit de ses *chères filles* des femmes douces, modestes, parfaitement aimables, et bien éloignées de ces recherches d'esprit et de dévotion qui l'avaient d'abord tant affligée ; à part quelques discussions assez vives au sujet du *quiétisme*, que l'influence de Fénelon avait propagé à Saint-Cyr, ces dames restèrent étrangères à toutes les luttes religieuses qui agitèrent la fin du règne de Louis XIV ; et ce ne fut pas là une mince victoire que remporta madame de Maintenon à une époque où les discussions théologiques avaient, dans la société, une importance semblable à celle qu'y prirent les discussions philosophiques au dix-huitième siècle, et en notre temps les discussions politiques[2].

Le rôle de madame de Maintenon ne se borna pas à la direction générale de l'institut et à la défense de ses intérêts : nommée, en 1694, par l'évêque de Chartres *supérieure spirituelle*, elle devint la confidente intime, presque la directrice du plus grand nombre des dames, qui sollicitaient, comme une extrême faveur, ses avis et ses réprimandes ; elle s'acquitta de cette mission, qui convenait, du reste, à merveille aux dispositions de son esprit[3], avec une simplicité et une bonne grâce touchante; elle voulait être traitée en amie et non pas en grande dame.

[1] C'est pourtant contre madame de Maintenon qu'un écrivain, qui était jadis un historien renommé, M. Michelet, profère cette malédiction : « Les cris des mères ont monté au ciel ! » (*Précis de l'histoire moderne*, adopté par l'Université, p. 256).

[2] Pour donner une idée de l'ardeur singulière que l'on apportait à ces discussions, que l'on nous permette d'emprunter à madame de Maintenon une petite anecdote assez curieuse : on sait comme le jansénisme s'était répandu parmi les religieuses de Port-Royal. L'archevêque de Paris leur fit quelques visites pour les ramener à la vraie doctrine. « Dans une de ces visites, il leur fit un discours pour tâcher de les gagner; après qu'il eut parlé assez longtemps, il demande à une pensionnaire de neuf à dix ans si elle était convaincue de la vérité de ce qu'il disait. Elle lui répondit avec une hardiesse étonnante : J'adore la profondeur des jugements de Dieu de nous avoir donné un prélat aussi ignorant que vous l'êtes. Et toutes les religieuses applaudirent à cette réponse. » (*Lettres hist.*, t. II, p. 227).

[3] « Vous avez trop ma folie, qui est de faire entendre raison, » disait-elle à madame de Berval.

« Vous ne pouvez me faire un plus grand plaisir qu'en agissant librement avec moi, sans y mêler ni art ni cérémonie; il me semble qu'il faut laisser ces manières-là aux gens du monde, et que le lien qui nous lie est trop solide pour ne vous pas inspirer la solidité et la simplicité [1]. »

Elle le fit aussi avec une modestie charmante.

« Jugez de mon amitié, disait-elle, par la liberté que je prends de vous prêcher, car je reconnais bien véritablement que ce n'est pas à moi à faire ce personnage-là ; mais il est vrai qu'il n'y en a point dont je ne fusse capable pour vous soulager et pour vous aider dans le dessein que vous avez de vous convertir véritablement. Je suis honteuse, disait-elle encore, de vous donner des instructions quand je pense combien vous êtes plus capables que moi ; mais vous le voulez, et je vous accorde tout simplement ce que vous me demandez [2]. »

Doit-on s'étonner de l'affection sans borne et du profond respect que les dames de Saint-Louis portaient à une telle directrice? Ses paroles étaient écoutées avec avidité, ses écrits reçus comme l'eussent été les lettres d'une sainte. Une telle déférence plaisait à madame de Maintenon, qui ne pouvait cependant s'empêcher d'en sourire et d'en plaisanter avec une bonne humeur et une gaieté qu'elle ne trouvait qu'à Saint-Cyr.

« Ma sœur de Montalembert, disent les *Mémoires de l'institut*, avait coutume de recevoir toutes les lettres de Madame avec un très-grand respect; elle ne les ouvrait que devant le saint sacrement, après avoir invoqué le Saint-Esprit, pour obtenir la grâce d'en profiter. Madame, qui avait l'esprit infiniment agréable, lui envoya un jour un gros paquet où il n'y avait que ces mots : « Je souhaite que votre rhume passe ; ma santé est bonne. » Elle fit toutes les cérémonies ordinaires, et s'en réjouit après avec nos sœurs. »

Tous les avis, toutes les lettres que madame de Maintenon, envoyait étaient précieusement recueillis et recopiées ; on prit l'habitude de les lire en assemblée capitulaire, et même, après sa mort, d'y recourir pour résoudre toutes les questions embarrassantes. De sorte qu'elle ne cessa pas d'être la directrice spirituelle de Saint-Cyr, et, jusqu'à la destruction de l'institut, elle y conserva une autorité que n'ébranlèrent jamais les calomnies du dehors. Par un hasard étrange, au moment où, en 1793, les dames de Saint-Cyr reçurent la nouvelle de la suppression de leur maison, elles étaient assemblées au chapitre, et l'une d'elles, mademoiselle de la Tremblaie, lisait cette phrase que madame de Maintenon avait écrite en 1694, lors de la prestation des vœux solennels des premières dames :

[1] *Lettres édif.*, t. Ier, p. 53.
[2] *Lettres édif.*, t. Ier, p. 78 et 102.

« Après cela, si Dieu, dans ses décrets éternels, a prévu que la maison de Saint-Louis doive être détruite dans cent ans, nous devons adorer ses jugements et ne rien vouloir trop fortement[1]. »

Cette direction spirituelle occupa madame de Maintenon jusqu'à l'époque de sa mort, et cette affaire-là passait avant toutes les autres. Nous voudrions initier nos lecteurs aux charmes de ses correspondances, et leur montrer quelle supériorité d'intelligence, quelle élévation d'esprit, quelle délicatesse de cœur cette femme d'élite y prodiguait à chaque page; sachant se plier au caractère de chacune de ces dames, connaissant à merveille les aptitudes de leur esprit et les dispositions de leur âme, elle adressait à toutes les conseils d'une philosophie aimable, d'une religion indulgente sans cesser d'être exacte, gaie sans cesser d'être sincère. L'une de ses meilleures amies était une jeune fille qu'elle avait recueillie dans sa maison de Noisy, et qu'elle avait prise aussitôt en vive affection. Fille de protestants, convertie toute jeune et séparée de ses parents, madame de Montfort avait conservé une tristesse que les soins les plus tendres pouvaient à peine consoler, et des doutes que sa volonté même ne pouvait dominer. Bien loin de la brusquer et de lui tenir un langage sévère, madame de Maintenon lui écrivait :

« Je vous trouvai hier bien triste, ma chère fille, et je n'osai vous parler, de peur qu'il n'y eût trop d'affectation; je vous écris, parce que je sais que vous pourrez recevoir mes lettres et y répondre sans qu'on les voie. Consolez-vous avec Dieu, ma chère enfant; il n'est pas si loin que vous le croyez. Vivez sans penser qu'au jour où vous êtes; ne vous faites point de peine du long ennui que vous avez à souffrir : il ne durera pas... Ne faites point tant de réflexions sur vous-même; regardez-vous comme un malade qui attend sa guérison sans se tourmenter et qui prend les remèdes qu'on lui ordonne. Espérez, ma chère fille, tout ira bien, et ce qui est passé renouvellera votre amour pour Dieu; quand vous considérerez sa patience, vous éprouverez que

Il s'apaise, il pardonne,
Du cœur ingrat qui l'abandonne
Il attend le retour[2].

« Vous reviendrez à lui et à la joie d'une bonne conscience, qui est la seule qu'on puisse goûter sur la terre. Croyez-moi, ma chère fille, je suis une des plus heureuses personnes du monde, et je vous proteste que je n'ai de bonheur que dans l'espérance de jouir de Dieu. En attendant que Dieu vous console lui-même, consolez-vous avec moi. »

Ce qui répugnait le plus à madame de Montfort, naturellement rail-

[1] *Histoire de la maison royale de Saint-Louis*, par M. le duc de Noailles, 1843.
[2] *Esther*, act. III, sc. IX.

leuse et hautaine, c'était la nécessité de la confession. Madame de Maintenon, qui considérait la simplicité de la foi comme une des qualités les plus essentielles de la religion, avait refusé de donner la direction spirituelle de l'Institut aux jésuites, qu'elle n'avait pas d'ailleurs en grande amitié, pour la confier aux vénérables frères de Saint-Vincent de Paul, les missionnaires lazaristes ; la grossièreté de ces bons pères, qui ne connaissaient de la religion que les vertus qu'elle enseigne, déplaisait à la délicatesse de madame de Montfort ; elle se trouvait bien plus spirituelle et bien plus instruite que ses directeurs. Madame de Maintenon, pour la ramener, lui citait un illustre exemple.

« Ce que je vous ai fait voir de madame de Longueville ne vous touche-t-il point? et n'êtes-vous pas un peu honteuse de ne pouvoir vous soumettre, quand vous voyez une femme, belle comme un ange et la plus spirituelle de son temps, devenir comme un enfant sous la conduite d'un homme [1] et lire ses lettres à genoux? [2] Qu'est-ce qui vous retient? Vos péchés? Et pourquoi est-ce que Jésus-Christ est venu? Pourquoi vous abandonnez-vous à la crainte, et quels péchés Dieu n'a-t-il pas pardonnés? Il n'a excepté que le désespoir; n'allez donc pas jusque-là, et ne vous laissez point accabler par la tristesse. Je vous l'ai dit plusieurs fois, et l'expérience me l'a appris : vous trouverez le repos quand vous ne le chercherez plus : il est comme le sommeil, qui s'éloigne de nous à proportion que nous le cherchons et nous inquiétons pour le trouver [3]. »

Toutefois ces conseils de madame de Maintenon ne purent vaincre les scrupules de sa chère pénitente ; elle sentit d'elle-même la nécessité d'une règle plus sévère et se retira chez les Visitandines de Melun ; mais elle supplia madame de Maintenon de ne pas l'abandonner et continua sa correspondance avec elle.

Madame de Maintenon rencontra des difficultés d'une nature toute différente dans la direction de madame de Bouju ; cette personne avait à un degré éminent le défaut qu'on reprochait dans le principe aux dames de Saint-Louis, le désir d'une perfection idéale, une vivacité extraordinaire d'esprit, un tourment de faire pour Dieu beaucoup plus que la religion ne demandait. Elle avait beaucoup de vertu, de l'esprit, une prodigieuse mémoire, de la candeur, de la simplicité, une vivacité qui comprenait tout dans un moment, un cœur vraiment religieux, mais il fallait absolument la calmer ; elle était continuellement en extase et occupée de visions imaginaires.

[1] Le père Lemoyne. On lit sur son tombeau à Auvers, près Lisle-Adam, comme un éloge singulier, « qu'il fut le confesseur de la duchesse de Longueville, et qu'il sut allier les lettres avec la probité. »

[2] *Lettres édif.*, t. Ier, p. 85.

[3] *Lettres édif.*, t. Ier, p. 151.

« Un jour, dit madame de Maintenon, elle vient me trouver dans mon oratoire; elle était tout éplorée, me disant que, dans son oraison et partout, Dieu lui disait que j'allais mourir. Elle prend tout par inspiration. Je me mis à rire et lui promis de me mieux porter le lendemain [1]. »

Sa grande affaire était de prier pour la conversion des Chinois et de s'occuper des doctrines de Confucius; madame de Maintenon, craignant qu'elle n'oubliât Saint-Cyr à force de penser à la Chine, lui dit qu'elle ne pouvait croire que Dieu l'eût chargée des idolâtres, mais bien plutôt de prier pour qu'il répandît ses bénédictions sur la maison de Saint-Louis; elle lui écrivit :

« Je vous ai souvent dit de faire taire votre esprit; demandez l'amour de Dieu pour vous et pour nous; appelez le *pur amour*, il n'importe des noms; mais laissez à Dieu les détails, ils ne vous sont pas propres, parce qu'ils fournissent de la nourriture à votre imagination, qui est, selon sainte Thérèse, la folle de la maison. Ne vous laissez pas conduire par elle, il faut ne la compter pour rien ou l'enfermer pour éviter ses désordres [2]. »

Grâce à ces avis, la folle de la maison finit par se taire, et madame de Bouju devint aussi zélée pour ses compagnes qu'elle l'avait jadis été pour les disciples de Confucius.

Entre toutes ces femmes charmantes qu'elle aimait, qu'elle dirigeait et qu'elle réprimandait, et dont la moins parfaite paraîtrait de nos jours une merveille de candeur et de vertu, madame de Maintenon avait distingué tout d'abord une jeune personne qui fut son élève chérie, son amie dévouée, et entre les bras de qui elle s'estima heureuse de mourir, « la seule de ses affections qui ne l'ait point déçue ; » madame de Glapion avait été reçue à neuf ans dans la maison de Noisy ; c'était, dit M. Lavallée, une de ces créatures angéliques qui semblent douées de tous les dons du ciel. Elle était grande et bien faite, fort blanche et un peu pâle, les yeux bleus pleins de feu et d'esprit, le visage long, le nez bien fait, de belles dents, les lèvres un peu minces. Toute sa personne était douce, tendre et souriante; tout en elle respirait la grâce et la bonté. Elle avait une grande instruction, lisait les Pères et les poëtes, savait la musique et avait appris la pharmacie et un peu de chirurgie pour devenir infirmière. Avec cela, elle avait de nobles manières, un langage plein de charmes qu'embellissait la voix la plus harmonieuse et un sourire toujours caressant. A tous ses agréments, il fallait ajouter, suivant madame de Maintenon, une candeur et une simplicité d'enfant, un naturel tendre, facile et complaisant, enfin le don de plaire et de se faire aimer. Quand madame de Glapion

[1] *Lettres édif.*, t. Ier, p. 501.
[2] *Lettres édif.*, t. II, p. 152.

exprima le désir de devenir dame de Saint-Louis, ce fut pour madame de Maintenon une joie bien vive. « Ma sœur de Glapion est un « trésor, disait-elle, ne le louez pas trop de peur de le perdre, vous ne « pouvez prendre trop de soin de le conserver. » Mais en même temps elle ne se dissimulait pas combien cette détermination devait coûter à cette jeune fille si bien faite pour briller dans le monde, et qui ne pouvait s'empêcher de regretter le sacrifice qu'elle allait faire. Elle agit sagement en l'aidant à le consommer ; sans fortune et sans amis, elle n'eût rencontré peut-être que des déceptions dont la délicatesse de son esprit eût doublé l'amertume, et des périls dont ses charmes eussent augmenté la gravité ; au lieu d'une existence difficile, elle allait trouver à Saint-Cyr une vie obscure, sans doute, mais calme, honorable et heureuse. Or, pour atteindre ce bonheur, il lui fallait, suivant la belle expression que l'Église emploie, « renoncer à elle-même : » à ces qualités brillantes et douces, à cette tendresse de cœur qui voulait un cœur ami pour s'y épancher à son aise; il fallait se donner tout entière à Dieu et ne plus songer à ce monde, qu'elle ne pouvait haïr, disait-elle, puisqu'elle ne le connaissait pas : c'est à quoi madame de Maintenon avait le courage et le mérite de l'exhorter.

« Si vous aspirez à la perfection et à un état parfait, il faut mourir à soi-même et à tout ce que vous avez aimé; il faut devenir une nouvelle créature et ne rien garder de tout ce que vous avez eu usqu'à cette heure et au dedans et au dehors. Il faut perdre cette bonne opinion que vous avez de vous-même; il faut renoncer au plaisir d'aimer et d'être aimée... Votre état vous oblige à haïr le monde; vous ne pouvez être religieuse sans haïr l'ennemi de celui que vous avez choisi pour époux... Salomon nous a dit, il y a longtemps qu'après avoir cherché, trouvé et goûté de tous les plaisirs, il confessait que tout n'est que vanité et affliction d'esprit, hors aimer Dieu et le servir. Que ne puis-je vous donner mon expérience! Que ne puis-je vous faire voir l'ennui qui dévore les grands, et la peine qu'ils ont à remplir leurs journées! Ne voyez-vous pas que je meurs de tristesse dans une fortune qu'on aurait peine à imaginer, et qu'il n'y a que le secours de Dieu qui m'empêche d'y succomber? J'ai été jeune et jolie; j'ai goûté des plaisirs; j'ai été aimée partout; dans un âge un peu plus avancé, j'ai passé des années dans le commerce de l'esprit; je suis venue à la faveur, et je vous proteste, ma chère fille, que tous ces états laissent un vide affreux, une inquiétude, une lassitude, une envie de connaître autre chose, parce que, en tout cela, rien ne satisfait entièrement; on n'est en repos que lorsqu'on s'est donné à Dieu, mais avec cette volonté déterminée dont je vous parle quelquefois : alors on sent qu'on n'a plus rien à chercher, qu'on est arrivé à ce qui seul est bon sur la terre; on a des chagrins, mais on a une solide consolation et une paix au fond du cœur au milieu des plus grandes peines [1]. »

[1] *Lettres édif.*, t. II. p. 107.

Madame de Glapion suivit docilement ces conseils; avec une constance au-dessus de son sexe, elle imposa silence aux regrets de son cœur et se dévoua tout entière à sa profession; ce ne fut pas sans peine et sans tristesse! Dieu sait les combats qu'elle eut à soutenir! Deux choses lui servaient à distraire ses ennuis : la musique, qu'elle aimait avec passion, et les vers de Racine, qui convenaient si bien à son âme tendre et délicate. Madame de Maintenon lui dit :

« Il faut vouloir cacher tout ce que vous avez de talents jusqu'à ce que l'obéissance vous oblige à vous en servir! Pourquoi Dieu vous a-t-il donné tant d'esprit et tant de raison? Croyez-vous que ce soit pour discourir, pour lire des livres agréables, pour juger des ouvrages de prose et de vers, pour comparer les gens de mérite et les auteurs les uns aux autres? Ces desseins ne peuvent être de lui; il vous en a donné pour servir à un grand ouvrage établi pour sa gloire; tournez donc vos idées sur ce côté aussi solide que les autres sont frivoles. Revenez de votre retraite toute grande, toute forte, toute zélée pour le bien de votre institut. Tout ce que vous avez reçu, c'est pour l'en faire profiter; vous en rendrez compte [1]. »

Elle se soumit encore, ne fit plus de musique et oublia Racine; mais elle n'eut plus qu'une seule ressource : ce fut de chercher dans une abnégation entière, dans un dévouement assidu à ses devoirs et dans le spectacle navrant des souffrances de ses compagnes le moyen d'éloigner les pensées qui l'obsédaient; alors elle se renferma dans l'infirmerie de Saint-Cyr et ne quitta plus le chevet des malades et des mourants; il y avait souvent des épidémies de petite vérole : c'était là qu'elle déployait une activité, une force et une patience au-dessus de toute parole; mission d'autant plus sublime, qu'elle n'était point là comme un médecin blasé sur la douleur, qui regarde froidement le progrès du mal et qui dans son sang-froid trouve l'énergie qui lui est nécessaire ; mais elle souffrait de toutes les souffrances de ses compagnes; sa vie était un continuel sanglot; elle avait véritablement l'air, dit madame de Maintenon, d'une âme du purgatoire. Et comme si ce n'était point assez d'une si rude épreuve, Dieu voulut lui infliger une suprême douleur, et frappa, entre ses bras celle qui l'avait élevée, madame de Saint-Aubin, et celle qui avait été sa compagne et sa sœur d'élection, madame de la Haye. Elle en fut si rudement ébranlée, que madame de Maintenon craignit pour ses jours. Ce fut encore au nom de la religion qu'elle vint guérir ces blessures plus profondes que toutes les autres.

« Acceptez ce qui plaît à Dieu; il vous a fait voir la mort de près pour vous accoutumer à l'envisager; celle des enfants vous touchait un peu; celle de

[1] *Lettres édif.*, t. II, p. 126.

votre maîtresse et chère sœur vous est sensible; vous perdrez encore des personnes que vous aimez, et enfin vous mourrez vous-même. Ces discours-là paraissent peu propres à vous consoler; cependant je trouve qu'en perdant nos amis il est plus doux de penser qu'on les suivra que de penser qu'on vivra sans eux. Toute notre piété n'est rien si nous n'en recevons un grand secours dans les occasions par une entière conformité à la volonté de Dieu, qui dispose de tout, et certainement à notre avantage... Votre affliction n'est point raisonnable, et je ne puis vous dire la peine que j'en ai, et il est impossible que Dieu soit content de vous! Vous lui manquerez bien, ma chère enfant, si vous vous laissez ainsi abattre, et si vous ne devenez courageuse et forte par votre confiance en sa bonté, par votre fidélité à faire valoir tout ce qu'il vous a donné, qui, certainement, ne vous a pas été donné pour vous abîmer dans les créatures et pour être distinguée par la tendresse de votre cœur... Relevez-vous donc pour le présent et pour l'avenir; pleurez les personnes que vous aimez et que vous devez aimer, mais ne les pleurez pas jusqu'à manquer à ce que vous devez à Dieu [1]. »

De tels enseignements eussent effrayé et découragé une âme faible et un esprit vulgaire; mais ils ne rebutèrent point madame de Glapion, qui, remportant sur elle-même une complète victoire, devint le modèle des dames de Saint-Louis. Entièrement dévouée à sa mission, ne dépensant les richesses de son esprit et de son cœur que pour le bien de l'institut, mettant en la religion sa confiance et son unique espérance, Dieu l'avait sans doute marquée d'avance comme devant être la remplaçante de madame de Maintenon, qui, toute sa vie, n'avait cessé de l'aimer tendrement et de la proposer comme exemple. Elle garda cependant de ses épreuves passées un sentiment de tristesse que rien ne pouvait dissiper. « Vous avalez à longs traits les objets mélancoliques, » lui disait madame de Maintenon, qui finit par plaisanter d'une disposition d'esprit qu'elle ne pouvait modifier. « On a chanté aujourd'hui « un *Te Deum* à la messe du roi, » lui écrivait-elle en 1712, après la prise de Douai, « si j'étais avec vous, nous trouverions bien le moyen « de *pleurer* ces réjouissances [2]. »

Ces exemples suffiront sans doute pour montrer avec quel tact madame de Maintenon savait parler à chacune des femmes d'élite qui composaient la maison de Saint-Cyr. Combien était pure sa religion, délicate sa bonté, haute sa raison, aimable sa sagesse! Combien aussi cet institut des dames de Saint-Louis devait avoir de charmes pour elle, en lui offrant réunies les qualités brillantes de l'esprit qu'elle trouvait sans doute à la cour, dans la société la plus polie du monde, et ces douces vertus du cœur qu'elle ne pouvait y rencontrer. Mais nous ne quitterons pas cet asile sans faire connaître aussi quel langage élevé

[1] *Lettres édif.*, t. II, p. 187.
[2] *Lettres édif.*, t. II, p. 397.

tenait aux sœurs converses et aux domestiques de la maison cette femme simple et bonne, qui, vivant en famille, croyait devoir à tous ses soins et ses conseils.

« Il est certain que votre âme est aussi précieuse devant Dieu que celle des dames, et que votre piété peut vous mettre au-dessus d'elles; mais il est vrai aussi que Dieu a fait les différents états et qu'il veut être servi en toutes conditions. Il a laissé des instructions pour tous et veut qu'on rende à César ce qui appartient à César; il veut qu'on honore le roi, il veut qu'on respecte les magistrats, il veut que les maîtres traitent humainement les domestiques, il veut que les domestiques servent leurs maîtres, non-seulement ceux qui sont bons, mais aussi ceux qui sont rudes et fâcheux. Voilà donc les différents états approuvés dans l'Évangile. Il ne faut point dire : Nous sommes tous égaux; il est vrai que nos récompenses seront à proportion de nos œuvres, mais les moyens de nous sanctifier sont différents; soyez donc humbles, mes chères filles, et, s'il faut que toute grandeur s'abaisse devant Dieu, souffrira-t-il que ceux qui sont abaissés s'élèvent [1]. »

Voilà une page qui répondrait à bien des théories égalitaires de notre temps !

Madame de Maintenon venait à Saint-Cyr le plus souvent qu'elle le pouvait. Elle y passait la plupart de ses matinées, et quand elle était libre de ses journées, elle ne manquait pas d'y demeurer jusqu'au soir. Mais il arrivait que la cour allait souvent à Fontainebleau, et elle se trouvait alors séparée forcément de ses chères filles. Nous ne saurions dire à qui ses absences faisaient le plus de peine : aux dames, qui trouvaient dans sa compagnie tant de charme et d'édification, ou bien à elle-même, qui se plaisait tant à répandre autour d'elle ses conseils et ses bienfaits. Mais il ne faut pas croire que, pour n'être pas à Saint-Cyr, elle se crût dispensée de faire le bien et de servir Dieu.

Il y a près de Fontainebleau, à l'extrémité du parc, un petit village perdu dans les bois et groupé autour d'une vieille église, qui n'était alors habité que par de pauvres paysans. Elle s'y rendait souvent accompagnée d'une jeune fille qu'elle avait élevée près d'elle, mademoiselle d'Aumale, pour y porter de l'ouvrage aux malheureux, disant qu'il vaut mieux assister les pauvres en les faisant travailler que de les assister pour rien; elle y faisait aussi le catéchisme aux petits enfants réunis à l'école.

« Madame a été dans son paradis terrestre, dit mademoiselle d'Aumale, qui nomme ainsi le village d'Avon; elle a commencé par l'école des petites filles, qu'elle a instruites comme à son ordinaire; sur son visage, il y a écrit : C'est pour Dieu seul que je le fais. Elle répète vingt fois la même chose, s'échauffe à parler et ne gronde pas une de ces petites filles. Elle a été à l'école des

[1] *Lettres édif.*, t. II, p. 38.

petits garçons, où elle a parlé avec le même zèle ; elle est revenue s'habiller et dîner... [1]. »

Quelquefois même elle ne bornait pas là ses courses et s'en allait dans tous les villages environnants. Laissons encore mademoiselle d'Aumale nous raconter l'emploi d'une des journées de cette vie d'apôtre, comme elle disait.

« Jamais madame de Maintenon n'a si bien rempli une journée qu'aujourd'hui; elle a été de village en village et de maison en maison, faisant partout des charités; à sept heures et demie, elle a été à la messe, à huit heures et demie, elle est partie pour commencer sa mission ; elle a été d'abord à Avon, à l'école des garçons, où elle a instruit près d'une heure, ensuite elle a été dans celle des filles tout autant. Quand elle parle de Dieu à ces paysannes, on voit une grande joie sur son visage et une grande envie de le leur faire connaître. A onze heures, elle est partie pour aller aux Loges entendre encore une messe ; elle y a dîné assez médiocrement : à trois heures, elle a été à Saint-Aubin, qui est un village dépendant d'Avon : elle y a assisté quatre ou cinq familles; de là, à Valvin, elle a été dans six pauvres ménages de paysannes, toutes plus mal les unes que les autres, et a donné aux uns de quoi avoir du blé, aux autres pour acheter du pain, pour habiller leurs enfants et pour payer les tailles; enfin le dernier où elle a été, elle a donné bien du linge à une pauvre femme; son mari est un peu libertin, elle l'a converti à moitié; Dieu et elle achèveront; il n'avait pas de respect ni d'obéissance pour son curé, elle l'a rendu fort doux. Elle est rentrée chez elle à sept heures, bien fatiguée, mais se portant bien [2]. »

Elle avait à Fontainebleau même, en dehors du château, une habitation qu'elle appelait *son Repos* : c'était une petite maison où chaque année elle élevait une basse-cour qu'elle donnait aux pauvres en quittant le pays; elle y allait tous les jours chercher quelques heures de calme et d'isolement. Elle y recevait, dit Saint-Simon, « gens de « peu et même pauvres gens, » qui venaient l'y trouver quand elle ne pouvait aller les voir. Elle aimait leur compagnie; « ils ne parlent pas « si bien que nous, disait-elle, mais nous ne faisons pas si bien « qu'eux [3], » et se dérangeait volontiers pour les recevoir.

« Madame était fort occupée ce matin, écrivait mademoiselle d'Aumale, et avait très-peu de temps à elle; une troupe d'élite arrive d'Avon ; madame se voit obligée de les refuser, et m'envoie pour avoir au moins le plaisir de les envisager : je trouve la mère Geoffroy, Suzanne et son mari, Margot Villain, Moucheux, Payen, etc. : à tous ces noms, madame ne peut résister, et il faut ouvrir son cabinet à cette troupe ; elle envoie chercher madame de Caylus

[1] *Lettres édif.*, t. II, p. 250.
[2] *Lettres édif.*, t. II, p. 247.
[3] *Lettres édif.*, t. II, p. 423.

pour être témoin de ses plaisirs, qui sont de leur faire le catéchisme et de leur donner à déjeuner. Il y a de ces enfants-là qui pleurent de tendresse en voyant madame [1]. »

Ce fut ainsi que, pendant les trente années qu'elle resta la compagne de Louis XIV, madame de Maintenon s'efforça d'expier sa grandeur, non pas aux yeux des hommes, dont elle dédaignait les injustices et les calomnies, mais aux yeux de Dieu, « dont la conduite ordinaire n'est « point, disait-elle, de sauver par la voie des richesses, des honneurs, « de la faveur et des commodités de la vie. » Aussi bien, cette fortune extraordinaire ne fut pour elle qu'un pesant fardeau. Elle fut payée par tant d'inquiétudes, de chagrins, de soucis, qu'elle eût bien vite lassé une personne qui, comme elle, ne l'aurait pas acceptée comme une mission de Dieu ! La conversion du roi, telle était, nous le savons, la tâche qu'elle s'était imposée et qu'elle remplit avec persévérance et succès. Mais nous ne voulons pas ici raconter les événements de sa vie à la cour, faire l'histoire de la femme de Louis XIV, apprécier son influence sur la conduite du roi et sur les événements politiques. Il nous a semblé, nous le répétons, intéressant de placer en regard de ce personnage historique, que tout le monde connaît, cette femme aimable et vertueuse dont toute la vie privée fut une longue suite de bonnes actions, de nous enfermer avec elle à Saint-Cyr, de la suivre dans son *Paradis terrestre* d'Avon, et d'écouter ses discours empreints d'une douce gaieté, d'une finesse charmante et d'une sagesse élevée. Nous ne pouvions que gagner à ce commerce presque intime avec une femme qui eût été un écrivain éminent et un grand moraliste, si elle avait voulu dépenser les brillantes richesses de son esprit dans d'autres écrits que dans une correspondance intime et familière dont les pages nombreuses que nous avons citées doivent faire apprécier la valeur. Mais peut-être aussi ce tableau fidèle, puisque celle dont il retrace les traits s'y trouve peinte pour ainsi dire par elle-même, pourra-t-il servir à ceux qui, dans l'histoire, ne recherchent que la vérité. Il est, en effet, toujours nécessaire, pour apprécier la conduite d'un personnage public, de connaître son caractère et sa vie privée ; car c'est ainsi que l'on peut découvrir le principe de ses actions et apprécier le mérite de ses intentions. Or ceux qui, de bonne foi, accusent encore madame de Maintenon d'une ambition démesurée, d'une hypocrisie violente, d'une dureté de cœur que rien n'attendrit, pourront se demander, en la voyant si humble et si réservée, si sincèrement pieuse, si douce et si aimante, si sage dans l'intérieur de Scarron, si résignée devant l'infortune de son veuvage, si bonne et si facile au temps de sa grandeur,

[1] *Lettres édif.*, t. II, p. 392.

s'il est possible que dans sa vie publique elle ait tenu une conduite tellement opposée à son caractère et à ses principes.

Pour nous, qui n'avions jamais douté de la pureté de ses vues ni de la sincérité de ses convictions, mais qui, jusqu'ici, ne pouvions aimer cette âpreté chagrine à laquelle on nous avait fait croire, nous avons été heureux de réformer notre jugement sur une personne qui fut la femme et la confidente de Louis XIV, et nous avons remercié M. Lavallée de nous avoir révélé son véritable caractère en publiant une correspondance qui la fait apparaître sous un jour si favorable. Femme d'esprit et femme de cœur, elle nous a paru concilier les charmes les plus séduisants avec les vertus les plus solides, mériter les hommages dont la brillante société du dix-septième siècle l'avait entourée, et l'amitié sincère que lui témoigna le plus grand de nos rois; il nous a semblé, finalement, que s'il est encore permis de blâmer les mesures qu'elle a conseillées au temps de son influence, il n'est plus possible de lui refuser son estime. Peut-être trouvera-t-on que, dans le cours de cette étude, nous lui avons décerné des louanges au-dessus de ses mérites, nous laissant trop entraîner à notre ardeur de nouveau converti; nous ne nous repentirons pas cependant d'avoir suivi ce premier mouvement, car nous ne sommes pas assez diplomate pour regretter d'avoir parlé le langage d'une conviction sincère et profonde.

La mort du roi trouva madame de Maintenon préparée à recevoir un si rude coup; l'amertume de son chagrin fut tempérée par le spectacle si touchant et si instructif de la fin solennelle et parfaitement chrétienne du petit-fils de saint Louis, qui mourut dans la majesté de sa grandeur et dans la plénitude de sa foi. Elle avait rempli la mission qu'elle croyait avoir reçue de Dieu.

« Tous les gens de bien ne doutent point du salut du roi, écrivit-elle de Saint-Cyr à madame de Montalembert, je n'ai plus qu'à penser au mien, et je suis dans un lieu qui y est bien propre. »

Elle s'était, en effet, retirée auprès des dames de Saint-Louis; ce fut au milieu d'elles, en s'occupant de l'éducation des jeunes filles et en protégeant les intérêts de l'institut, qu'elle acheva une vie si laborieusement remplie; rien ne put l'arracher à sa retraite, ni les prières de ses amis, ni les sollicitations du régent; elle demeura comme étrangère aux affaires publiques et ne songea pas à conserver quelques débris d'une puissance qu'elle n'avait jamais exercée qu'à regret.

Dès les premiers jours de sa retraite à Saint-Cyr elle congédia ses domestiques et se défit de son équipage; elle vécut dans son petit appartement, se soumettant, autant que le permettait son âge, aux règlements de la maison, suivant les exercices de la communauté, allant aux classes et aux récréations, ne sortant que pour se rendre dans le village afin de visiter les malades et les pauvres. Son plus grand plaisir était dans les charités innombrables qu'elle faisait et pour lesquelles elle s'imposait même des privations : tout son revenu y était employé ; elle s'attachait principalement à secourir des officiers et des soldats que la fin de la guerre avait mis dans le besoin et qui venaient solliciter des secours jusqu'à Saint-Cyr : « Ces pauvres gens de la maison du roi, qui ont fait des merveilles, écrivait-elle, me font pitié par leur détresse. »

Les quatre dernières années de son existence en furent les plus heureuses : le calme de son esprit, la satisfaction de sa conscience, la douceur de l'affection dont elle était entourée, adoucirent singulièrement les atteintes de la maladie qui l'emporta en 1719, à l'âge de quatre-vingt-quatre ans. Elle mourut le jour de l'Assomption et fut ensevelie au milieu du chœur de la chapelle. « Son tombeau, dit M. Lavallée, devint le lieu vénéré où les novices allaient prier la veille de leur profession, où les religieuses aimaient à méditer et à chercher des consolations ; enfin, où les demoiselles venaient, au moment de leur départ, faire une dernière prière et s'engager à conserver toute leur vie « les maximes et les principes de Saint-Cyr. [1] » Elle resta, pour ainsi parler, la patronne de cette maison, qui n'eut jamais besoin d'être reformée, de cette maison « où l'on a tant prié, où l'on a tant pleuré pour la France, » de cette maison que la révolution de 1793 devait nécessairement renverser comme l'une des plus nobles fondations de la monarchie, mais qui revit aujourd'hui, grâce au zèle de l'écrivain distingué dont nous avons rappelé les travaux, grâce surtout au talent de M. le duc de Noailles, qui, le premier, nous en a raconté la simple et touchante histoire. Avant d'écrire la vie de sa fondatrice, l'illustre historien avait pensé que le meilleur moyen de la venger de ses ennemis était de divulguer ses bienfaits[2]. C'était une œuvre véritablement digne d'un homme de bien : M. le duc de Noailles a plus que l'honneur de l'avoir entreprise ; il a le mérite de l'avoir noblement accomplie, rendant ainsi facile la tâche de ceux qui, comme M. Théophile Lavallée, ont depuis voulu servir cette belle et juste cause.

[1] *Histoire de Saint-Cyr*, ch. XIV.

[2] Dans l'écrit intitulé : *Saint-Cyr, histoire de la maison royale de Saint-Louis*, Paris, Lacrampe, 1843. — Voyez à ce sujet un article publié par M. Lenormant dans le tome XXXIII du *Correspondant*, p. 273.

www.ingramcontent.com/pod-product-compliance
Ingram Content Group UK Ltd.
Pitfield, Milton Keynes, MK11 3LW, UK
UKHW022153190726
13855UKWH00004B/1464